BEI GRIN MACHT SICH WISSEN BEZAHLT

- Wir veröffentlichen Ihre Hausarbeit,
  Bachelor- und Masterarbeit

- Ihr eigenes eBook und Buch -
  weltweit in allen wichtigen Shops

- Verdienen Sie an jedem Verkauf

Jetzt bei www.GRIN.com hochladen und kostenlos publizieren

Heiko Steigerwald

XML-basierte Standards für Digitale (Multimediale) Medien und Metadaten

GRIN Verlag

Bibliografische Information der Deutschen Nationalbibliothek:

Die Deutsche Bibliothek verzeichnet diese Publikation in der Deutschen National-
bibliografie; detaillierte bibliografische Daten sind im Internet über http://dnb.d-
nb.de/ abrufbar.

Impressum:

Copyright © 2001 GRIN Verlag GmbH
Druck und Bindung: Books on Demand GmbH, Norderstedt Germany
ISBN: 978-3-656-52722-0

Dieses Buch bei GRIN:

http://www.grin.com/de/e-book/6184/xml-basierte-standards-fuer-digitale-multime-
diale-medien-und-metadaten

TECHNISCHE UNIVERSITÄT ILMENAU

Fakultät für Wirtschaftswissenschaften
Institut für Wirtschaftsinformatik
Fachgebiet Informationsmanagement
Prof. Dr. Dirk Stelzer

Hauptseminar Wirtschaftsinformatik
im WS 2001/2002

Thema Nr. 9

XML-basierte Standards für Digitale (Multimediale) Medien und Metadaten

Teil Metadaten

vorgelegt von:

Steigerwald, Heiko

Inhaltsverzeichnis

1 Einleitung **1**

2 Grundlagen **2**

2.1 Metadaten 2

2.2 XML 3

3 XML-basierte Standards für Metadaten **4**

3.1 Das Resource Description Framework 4

    3.1.1 Motivation zur Entwicklung 4

    3.1.2 Datenmodell und Syntax 4

    3.1.3 Schemadefinition 7

3.2 Anwendungsbereiche und weitere Standards 10

    3.2.1 Kategorisierung, Katalogisierung und Wissensrepräsentation 10

    3.2.2 Inhaltsbewertung 12

    3.2.3 Content Syndication 14

    3.2.4 Intellectual Property Rights Management 15

    3.2.5 Privacy Management 17

    3.2.6 Weitere Anwendungsbereiche 18

4 Zusammenfassung **20**

5 Literaturverzeichnis **21**

Abkürzungsverzeichnis

DC   Dublin Core

DCD   Document Content Description

DCMI   Dublin Core Metadata Initiative

DLMI   Digital Library Metadata Initiative

DRM   Digital Rights Management

DTD   Document Type Definition

HTML   Hypertext Markup Language

ISO   International Organization for Standardization

IPTC   International Press Telecommunications Council

MPEG   Moving Picture Experts Group

MOF   Meta Object Facility

NITF   News Industry Text Format

ODP   Open Directory Project

ODRL   Open Digital Rights Language

PICS   Platform for Internet Content Selection

PRISM   Publishing Requirements for Industry Standard Metadata

RDF   Resource Description Framework

UML   Unified Modeling Language

URI   Uniform Resource Identifier

W3C   World Wide Web Consortium

WWW   World Wide Web

XMI   XML Metadata Interchange

XML   Extensible Markup Language

XrML   eXtensible rights Markup Language

XTM   XML Topic Maps

Beispielverzeichnis

3-1 Einfache RDF-Aussage in XML-Syntax notiert 6

3-2 Definition eines RDF-Schema 8

3-3 Nutzung von DC-Elementen in RDF 11

3-4 Fragmente einer XML Topic Map 12

3-5 Einfaches PICS Rating System in RDF notiert 13

3-6 Eine Vereinbarung in ODRL 16

3-7 Fragment einer P3P-Policy 18

Abbildungsverzeichnis

3-1   Einfache Aussage in Form eines gerichteten, benannten Graphen   5

3-2   Übersicht über Metaebenen im RDF-System   7

1 Einleitung

Im Rahmen des Hauptseminars Informationsmanagement soll das Thema "XML-basierte Standards für Digitale (Multimediale) Medien und Metadaten" behandelt werden. In dieser Arbeit soll, nach Absprache mit dem Betreuer, nur auf XML-basierte Standards für Metadaten eingegangen werden. Der zweite Teil der Themenstellung wird von einem Kommilitonen bearbeitet.

Heute sind bereits zu fast allen Themenbereichen Informationen in Form elektronischer Daten verfügbar.[1] Die Technologien des Internet und insbesondere des World Wide Web (WWW) bieten die Möglichkeit, Informationen anzubieten, auszutauschen und zu beziehen. Der kritische Punkt dabei ist die intelligente Navigation und das kontextabhängige Durchsuchen dieser Datenmengen.

Die eigentliche Semantik dieser Daten kann nicht maschinell erfaßt werden, da keine maschinenverständlichen Metadaten über die Bedeutung dieser Daten vorliegen. Ohne automatisiert zu verarbeitende Metadaten ist aber das Auffinden relevanter Informationen und die Navigation durch das Informationsangebot schwierig. Metadaten werden auch für viele andere Anwendungsbereiche zur Beschreibung von Inhalten oder Daten benötigt.

Bei rasch weiter wachsenden Informationsmengen, die elektronisch ausgetauscht und verarbeitet werden, besteht ein dringender Bedarf nach Daten über Daten (Metadaten).

Die Zielsetzung dieser Arbeit besteht in der Darstellung ausgewählter XML-basierter Standards zur Beschreibung von Metadaten. Die Standards sollen mit ihrem Grundkonzept und ihrer Struktur vorgestellt werden. Außerdem soll in ausgewählten Anwendungsbereichen auf Bedeutung und Praxisrelevanz der Standards eingegangen werden.

Um die Ziele dieser Arbeit zu erreichen, werden Literatur- und Web-Recherchen durchgeführt. Nach grundlegenden Informationen zu Metadaten und XML soll mit RDF das wichtigste XML-basierte Rahmenwerk für Metadaten ausführlich vorgestellt werden. Anschließend sollen zu den jeweiligen Anwendungsbereichen praxisrelevante XML- bzw. RDF-basierte Standards vorgestellt und entsprechend der Zielsetzung dieser Arbeit erläutert werden. Die Darstellung der Standards in den Anwendungsbereichen erfolgt dabei weniger detailliert als die Erläuterung von RDF. Damit soll ein breiter Überblick über das Thema gewonnen werden.

Nach der Zielstellung und der Vorgehensweise sollen nun Grundlagen zu Metadaten und anschließend die Grundkonzepte von XML erläutert werden.

---

[1]Vgl. zu den Ausführungen des folgenden Absatzes W3C /Metadata/.

2 Grundlagen

2.1 Metadaten

In diesem Kapitel soll der Begriff Metadaten geklärt und für diese Arbeit abgegrenzt werden. Zudem soll aufgezeigt werden, welche Anwendungsbereiche auf Metadaten angewiesen sind und warum Metadaten im WWW noch in relativ geringem Maße eingesetzt werden.

Metadaten sind Daten über Daten.[2] Da Metadaten also selbst auch Daten sind, kann eine Abgrenzung nicht absolut, sondern nur kontextbezogen erfolgen. Je nach Anwendung ergibt sich somit eine spezifische Abgrenzung zwischen Daten und Metadaten.

Unter Metadaten sollen im folgenden maschinenverständliche Daten verstanden werden, die eindeutig identifizierbare Ressourcen beschreiben.

Eine Ressource ist eine Informationsquelle. Dabei ist unerheblich in welcher Form und an welchem Ort die Informationen bereitgestellt werden. Ressourcen können z.b. elektronische Daten, lesbare Dokumente, Videos oder auch Bücher sein.

Eine Ressourcen wird über einen Uniform Resource Identifier (URI) identifiziert. Unter einem URI versteht man einen kurzen Bezeichner, der eine Ressource eindeutig identifiziert.[3] Mit einem URI können Ressourcen sowohl im WWW als auch in der realen Welt referenziert werden.

Mittels Metadaten kann eine Ressource näher beschrieben werden. Beispielsweise können bibliographische Angaben zu Webseiten gemacht oder Bibliothekskataloge aufgebaut werden.

Die Verwendung von Metadaten erschließt viele Anwendungsbereiche.[4] Metadaten können zum zielgerichteten Suche und Auffinden relevanter Ressourcen (resource discovery) oder zur Navigation genutzt werden. In Katalogen kann Inhalt und Zusammenhang von Ressourcen beschrieben werden (cataloging). Ressourcen können bewertet werden (rating) und anschließend gefiltert oder personalisiert werden. Durch Metadaten wird die automatische Verarbeitung von inhaltlichen Information ermöglicht. Genauso können mit Metadaten Rechte an Ressourcen beschrieben werden.

Um Metadaten sinnvoll einsetzen zu können, ist die Interoperabilität der Metadaten ein wichtiges Kriterium. Diese wird durch Definition von Syntax und Semantik der Metadaten in einem Schema sichergestellt. Durch die Vielfalt möglicher Anwendungsbereiche mit unterschiedlichen Anforderungen konnte sich lange Zeit kein allgemeiner Standard zur Notation von Metadaten durchsetzen.

Mit der Einführung von XML kam man dem Ziel, Metadaten universell, flexibel und maschinenverständlich zu beschreiben, ein wesentliches Stück näher.

---

[2]Vgl. Lassila /RDF Metadata/ und Goldfarb, Prescod /XML-Handbuch/ S. 111 f.
[3]Vgl. IETF /URI/
[4]Vgl. zu den Ausführungen dieses Absatzes Lassila /RDF Metadata/

2.2 XML

Daher sollen in diesem Kapitel kurz wesentliche Grundlagen der Extensible Markup Language (XML) vorgestellt werden.[5] Für eine detaillierte Beschreibung der XML-Syntax, von Grammatikdefinitionen und dem Aufbau von XML-Dokumenten sei an dieser Stelle auf die entsprechenden Dokumente des World Wide Web Consortium (W3C) verwiesen.[6]

XML "ist eine standardisierte Sprache in der sich die Syntax von Auszeichnungssprachen notieren lässt. Formaler ausgedrückt ist XML eine Metagrammatik für kontextfreie Grammatiken"[7]. Sie wurde ausgehend von den Problemen bei der Erweiterung der Hypertext Markup Language (HTML) als Standard des W3C entwickelt. Als Entwurfsziele standen Erweiterbarkeit, Einfachheit, ein breites Anwendungsspektrum und die einfache Entwicklung von Werkzeugen im Vordergrund. Die Umsetzung dieser Ziele hat einen großen Teil zum Erfolg von XML beigetragen.

In XML werden Inhalte nach dem Konzept des semantischen Markups ausgezeichnet. Dabei werden Aussagen zur Semantik von Daten durch die Auszeichnung mit Marken (Tags) getroffen. Die Syntax und Semantik der zur Auszeichnung nutzbaren Elemente, ihrer Attribute und ihre Relation zueinander wird in einer Grammatikdefinition festgelegt. Das damit definierte Vokabular wird auch als Anwendung von XML bezeichnet.

Die Definition der Grammatik erfolgt in Form einer Document Type Defintion (DTD) oder in Form eines XML-Schema. Ein XML-Schema wird im Gegensatz zu einer DTD in XML notiert und bietet mehr Möglichkeiten. Stimmt ein XML-Dokument in der Syntax mit dem angegebenen Schema überein, so wird es als gültig (valid) bezeichnet. Ein XML-Dokument ist wohlgeformt (well-formed), wenn es ausgehend von einem Wurzelelement jeweils ausgeglichen verschachtelte Elemente enthält (Baumstruktur).

Durch das Konzept der Namensräume (Namespaces) können in einem XML-Dokument mehrere Grammatikdefinitionen verwendet werden. Die Element einer bestimmten Grammatik werden dann über einen Namensraum-Präfix angesprochen um Verwechselungen zu vermeiden. Damit können Grammatiken individuell für den jeweiligen Anwendungsbereich kombiniert werden.

Ein wesentlicher Grund für den Erfolg von XML liegt in der Offenheit des Standards. Hierdurch ist eine hohe Interoperabilität und der Austausch von Daten in heterogenen Umgebungen möglich. Die Einfachheit von XML hat zu einer breiten Akzeptanz und der raschen Entwicklung von zahlreichen Werkzeuge für XML geführt.

Als breit unterstützte und relativ einfach zu beherrschende Sprache bietet sich XML natürlich auch für die Auszeichnung von Metadaten an. Allerdings stellt sich hier das Problem, daß bedeutungsgleiche Sachverhalte zwar maschinenlesbar, aber in sehr unterschiedlicher Art und Weise in XML ausgedrückt werden können. Damit sind durch XML ausgezeichnete Metadaten nicht ohne weiteres maschinenverständlich.

---

[5]Vgl. zu den Ausführungen der folgenden Absätze Tolksdorf /XML-Standards/ 407 ff.
[6]Vgl. W3C /XML/
[7]Tolksdorf /XML-Standards/ 408

3 XML-basierte Standards für Metadaten

3.1 Das Resource Description Framework

3.1.1 Motivation zur Entwicklung

Als grundlegendes, XML-basiertes Rahmenwerk zur Beschreibung von Metadaten wird das Resource Description Framework (RDF) in den folgenden Kapiteln ausführlich vorgestellt.

Erste Ansätze um Metadaten im WWW bereitzustellen, wurden mit der Platform for Internet Content Selection (PICS) unternommen.[8] Durch die Ausrichtung auf den Anwendungsbereich Inhaltsbewertung ist PICS jedoch nicht flexibel genug um allgemein Metadaten abzubilden.

Die Arbeiten zu PICS führten zur Entwicklung und 1999 bzw. 2000 zur Spezifikation des RDF durch das W3C. Mit RDF soll ein Rahmenwerk geschaffen werden, um Metadaten anwendungsübergreifend darstellen und austauschen zu können. Dabei soll die Semantik maschinell auswertbar sein und gleichzeitig eine möglichst große Flexibilität und Erweiterbarkeit erreicht werden. Ein weiteres Ziel bei der Entwicklung von RDF war zudem die Unabhängigkeit von bestimmten Anwendungsgebieten.

Aus diesen Gründen stellt RDF ein allgemeines Datenmodell zur Beschreibung von Metadaten bereit, das in einer XML-Syntax notiert werden kann. Durch Schemata wird für konkrete Anwendungsbereiche ein entsprechendes RDF-Vokabular mit anwendungsspezifischen Eigenschaften definiert. Auf RDF basierende anwendungsspezifische Standards werden im Kapitel 3.2 vorgestellt.

RDF ist in den Aktivitäten des W3C einen Baustein des "Semantic Web"[9]. Im "Semantic Web" sollen gegenüber dem jetzigen WWW Informationen eine wohldefinierte Semantik besitzen. Diese Semantik wird durch Beschreibung mit Metadaten ausgedrückt.

Im folgenden Kapitel sollen das Grundkonzept und die Syntax von RDF dargestellt und erklärt werden. Im darauffolgenden Kapitel sollen die Mechanismen zur Definition von RDF-Schemata vorgestellt werden.

3.1.2 Datenmodell und Syntax

Die Ausführungen zum Datenmodell und der Syntax von RDF sowie Beispiele und Abbildungen sind der RDF-Empfehlung[10] des W3C entnommen.

Die Grundlage für das RDF-Datenmodell sind benannte Eigenschaften (named properties) und zugehörige Eigenschaftswerte (property values). Diese sind mit den bekannten Attribut-Wert-Paaren vergleichbar. Mit benannten Eigenschaften können Ressourcen an sich und Beziehungen zwischen Ressourcen beschrieben werden. Damit gleicht das Datenmodell von RDF dem bekannten Entity-Relationsship-Modell oder kann allgemeiner als Klassensystem betrachtet werden.

Durch das RDF-Datenmodell können Aussagen über Ressourcen syntaxneutral formuliert werden. Zwei

---

[8]Vgl. zu den folgenden beiden Absätzen W3C /Metadata/

[9]Vgl. Barners-Lee /Semantic Web/

[10]Vgl. W3C /RDF Model/

Aussagen besitzen dann, und nur dann, die gleiche Semantik, wenn sie in gleicher Form im RDF-Datenmodell dargestellt werden.

Das grundlegende Datenmodell von RDF besteht aus drei Arten von Objekten:

- **Ressource** (Resource) bezeichnet alle Dinge, über die Aussagen in RDF getroffen werden. Ressourcen werden durch einen URI identifiziert.

- **Eigenschaften** (Properties) sind spezifische Aspekte, Attribute oder Beziehungen die eine Ressourcen beschreiben. Jede Eigenschaft hat eine festgelegte Bedeutung und einen Wertebereich. Außerdem wird festgelegt, welche Ressourcen mit der Eigenschaft beschrieben werden können und welche Beziehungen zu anderen Eigenschaften bestehen. Diese möglichen Charakteristiken einer Eigenschaften werden in einem RDF-Schema definiert.

- **Aussage** (Statement) bezeichnet die Kombination einer Ressource und einer Eigenschaft mit einem bestimmten Wert. Die drei Bestandteile der Aussage werden auch als Subjekt (Ressource), Prädikat (Eigenschaft) und Objekt (Wert der Eigenschaft) bezeichnet. Der Wert der Eigenschaft kann eine andere Ressource oder ein Literal sein. Literale werden durch einen RDF-Prozessor nicht weiter ausgewertet, können aber gültiges XML-Markup enthalten.

Am Beispiel soll eine einfache Aussage und ihre Repräsentation in RDF dargestellt werden. Die Aussage "Ora Lassila is the creator of the resource http://www.w3.org/Home/Lassila." kann in Ressource (Subjekt) http://www.w3.org/Home/Lassila, Eigenschaft (Prädikat) Creator und Wert (Objekt) Ora Lassila zerlegt werden.

In Abb. 3-1 wird die Aussage durch einen gerichtete, benannte Graphen dargestellt (Ressource als Oval, Eigenschaft als Pfeil von Ressource zum Wert und Wert als Rechteck).

Abb. 3-1: Einfache Aussage in Form eines gerichteten, benannten Graphen

Um diese Metadaten maschinell verarbeiten und austauschen zu können ist eine Syntax notwendig. Die Empfehlung des W3C spezifiziert eine XML-Syntax zur Notation. Neben einer vollständigen Syntax (Serialization Syntax) wird eine abgekürzte Syntax (Abbreviated Syntax) definiert. Mit letzterer ist eine kompaktere Formulierung bestimmter Aussagen möglich.

Die Aussage aus Abb. 3-1 würde in der vollständigen XML-Syntax wie in Beispiel 3-1 formuliert werden. In Zeile 1 beginnt der RDF-Teil mit der Deklaration von zwei verschiedenen Namensräumen in Zeile

```
1  <rdf:RDF
2    xmlns:rdf="http://www.w3.org/1999/02/22-rdf-syntax-ns#"
3    xmlns:s="http://description.org/schema/">
4    <rdf:Description about="http://www.w3.org/Home/Lassila">
5      <s:Creator>Ora Lassila</s:Creator>
6    </rdf:Description>
7  </rdf:RDF>
```

Bsp. 3-1: Einfache RDF-Aussage in XML-Syntax notiert

2 und 3. Es wird der RDF-Namensraum mit dem Präfix rdf und ein weiterer anwendungsspezifischer Namensraum mit dem Präfix s verwendet. In Zeile 4 beginnt mit dem Description-Element eine Aussage über die, durch das Attribut about, spezifizierte Ressource. In Zeile 6 wird die Eigenschaft Creator mit dem literalen Wert "Ora Lassila" angegeben. Die korrekte Referenzierung der Eigenschaft eines bestimmten Schema wird durch Angabe des Namensraumpräfix sichergestellt.

Neben einfachen Aussagen können Eigenschaften auch strukturierte Werte enthalten, Aussagen über Ressourcen und Aussagen über Aussagen getroffen werden.
Um Aussagen über mehr als eine Ressource gleichzeitig zu treffen, werden in RDF drei Arten von Containern definiert:

- **Bag** ist eine ungeordnete Liste von Ressourcen oder Literalen.

- **Sequence** ist eine geordnete Liste von Ressourcen oder Literalen.

- **Alternative** ist eine Auswahlliste von Ressourcen oder Literalen die Alternativen enthält.

Aussagen können sowohl über den Container an sich, als auch über alle enthaltenen Elemente getroffen werden. Container können auch Aussagen über alle Ressourcen treffen, die mit einem angegeben URI-Präfix beginnen.

Nach der Vorstellung des Datenmodells und der Syntax von RDF soll nun RDF-Schema erläutert werden.

3.1.3 Schemadefinition

Das RDF-Datenmodell stellt ein einfaches Modell bereit, um Ressourcen durch benannte Eigenschaften zu beschreiben. Die Deklaration der benannten Eigenschaften, ihrer Bedeutung und weiteres erfolgt mit Hilfe des RDF-Schema. Die Ausführungen in diesem Kapitel sind dem Empfehlungskandidaten RDF-Schema des W3C entnommen.[11]

Durch das W3C wird kein konkretes Schema, sondern eine Sprache zur Spezifikation von Schemata definiert. Mit dieser Sprache können Eigenschaften, ihre Bedeutung, erlaubte Werte und Beziehungen zu anderen Eigenschaften definiert werden. Außerdem kann festgelegt werden, welche Art von Ressourcen durch eine Eigenschaft beschrieben werden kann.

Um diese Aufgaben leisten zu können, ist RDF-Schema ähnlich aufgebaut wie ein Klassensystem einer objektorientierten Sprache. In objektorierierten Klassensystemen werden Klassen durch Definition ihrer Eigenschaften beschrieben. Im Datenmodell des RDF-Schema werden dagegen zuerst Eigenschaften definiert. Anschließend wird angegeben, auf welche Klassen diese Eigenschaften angewendet werden können. Damit ergibt sich eine flexible Erweiterungsmöglichkeit des Datenmodells. Vorhandene Klassen können durch neu definierte Eigenschaften zusätzlich beschrieben werden, ohne bestehende Anwendungen zu beeinträchtigen. Einmal definierte Eigenschaften können zur Beschreibung beliebiger anderer Klassen wiederverwendet werden.

Ein RDF-Schema wird ebenfalls im RDF-Datenmodell formuliert. Mit der Schemadefinitions-Sprache werden die Eigenschaften des Schema in Form der bekannten RDF-Aussagen beschrieben. Diese Eigenschaften bilden das anwendungsspezifische RDF-Vokabular, mit dem Ressourcen beschrieben werden. Die mehrstufige Hierarchie von (Meta-)Daten ist in Abb. 3-2 [12] verdeutlicht.

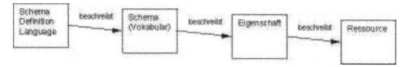

Abb. 3-2: Übersicht über Metaebenen im RDF-System

Zur Definition eines Schema stellt die Schemadefinitions-Sprache eine Klassenhierarchie zur modellierung der unterschiedlichen Sachverhalte bereit. In Form von RDF-Aussagen werden grundlegende Klassen und Eigenschaften definiert. Dabei bezeichnet der Präfix `rdf` den RDF-Namensraum und `rdfs` den Namensraum für RDF-Schema.

Grundlegende Klasse ist eine generische Klasse (`rdfs:Class`), eine Klasse aller Ressourcen (`rdfs:Resource`) und die Klasse der Eigenschaften (`rdfs:Property`). Über Eigenschaften können verschiedenen Sachverhalte modelliert werden. Beispielsweise die Zuordnung einer Ressource zu einer Klasse (`rdf:type`), Ober-/Untermengenrelationen zwischen Klassen (`rdfs:subClassOf`) oder Spezialisierungen von Eigenschaften (`rdfs:subPropertyOf`).

---

[11]Vgl. W3C /RDF Schema/
[12]Abb. entnommen aus Böhme /RDF/

Weiterhin können zu Klassen und Eigenschaften Aussagen über Beschränkungen (Constraints) getroffen werden. Es können gültige Werte für eine Eigenschaft festgelegt werden (`rdfs:range`) wobei sich RDF-Schema auf XML-Schema[13] stützen um Wertebereiche und Datentypen anzugeben. Durch Angabe einer Domain(`rdfs:domain`) wird festgelegt, auf welche Ressource eine benannte Eigenschaft angewendet werden kann.

Ein RDF-Modell das Beschränkungen verletzt wird als inkonsistent bezeichnet. RDF-Schema definiert aber keine Mechanismen zum Umgang mit Verletzungen des Schemas. Dies bleibt der jeweiligen Anwendung überlassen.

Die Definition eines RDF-Schema wird in Beispiel 3-2 gezeigt. Nach Einbindung der Schemata und damit verbundenen Deklaration der Namensräume in Zeile 2 und 3, beginnt in Zeile 4 die Beschreibung einer Klasse `MotorVehicle` in Form einer Aussage. `MotorVehicle` ist Instanz der generischen Klasse `Class` (Zeile 5) und Unterklasse von `Resource` (Zeile 6). Die Klasse `PassengerVehicle` (Zeile 8 bis 11) wird anschließend als Unterklasse von `MotorVehicle` (Zeile 10) definiert.

In Zeile 12 bis 16 wird eine Eigenschaft `rearSeatLegRoom` definiert. Diese Eigenschaft kann auf die Klasse `PassengerVehicle` angewendet werden (Zeile 14). Der Wertebereich wird durch Zeile 15 auf Zahlen beschränkt.

```
1    <rdf:RDF xml:lang="en"
2        xmlns:rdf="http://www.w3.org/1999/02/22-rdf-syntax-ns#"
3        xmlns:rdfs="http://www.w3.org/2000/01/rdf-schema#">
4    <rdf:Description ID="MotorVehicle">
5     <rdf:type resource="http://www.w3.org/2000/01/rdf-schema#Class"/>
6     <rdfs:subClassOf rdf:resource="http://www.w3.org/2000/01/rdf-schema#Resource"/>
7    </rdf:Description>
8    <rdf:Description ID="PassengerVehicle">
9     <rdf:type resource="http://www.w3.org/2000/01/rdf-schema#Class"/>
10    <rdfs:subClassOf rdf:resource="#MotorVehicle"/>
11   </rdf:Description>
12    <rdf:Description ID="rearSeatLegRoom">
13     <rdf:type resource="http://www.w3.org/1999/02/22-rdf-syntax-ns#Property"/>
14     <rdfs:domain rdf:resource="#PassengerVehicle"/>
15     <rdfs:range rdf:resource="http://www.w3.org/2000/03/example/classes#Number"/>
16   </rdf:Description>
17   </rdf:RDF>
```

Bsp. 3-2: Definition eines RDF-Schema

---

[13]Vgl. W3C /XML Schema Structures/ und W3C /XML Schema Datatypes/

Neben den Erweiterungsmöglichkeiten als XML-Anwendung werden speziell durch RDF-Schema zusätzliche Möglichkeiten zur Erweiterung von Vokabularen bereitgestellt. Ein bestehendes RDF-Schema kann nachträglich semantisch verfeinert werden. Hier stehen die Konzepte der Unterklassenbildung, Spezialisierung von Eigenschaften und der Zuordnung von Eigenschaften zu bestehenden Klassen zur Verfügung.

Die bisher beschriebenen Merkmal von RDF lassen eine großes Potential bei der Beschreibung von verteilten Ressourcen erkennen. RDF kann seine Stärken insbesondere bei geringen Datenmengen mit heterogenen Strukturen und einer großen Zahl von Bezügen ausspielen. Dabei kommt RDF seine Flexibilität und Erweiterbarkeit zugute. Mit der Bereitstellung eines entsprechenden Schema kann RDF zum Format zur Beschreibung von (Meta-)Daten dienen. Die Interoperabilität und damit die problemlose Austauschbarkeit von Metadaten wird mit Beachtung des Schema sichergestellt. Die Schemata können nachträglich ohne Beeinträchtigung bisheriger Anwendungen erweitert werden.

Ein Schwachpunkt von RDF liegt dagegen in der zentralen Verarbeitung großer Datenmengen. Bedingt durch das aufwendige Parsen der XML-Dokumente kann hier bei weitem nicht die Geschwindigkeit wie z.B. mit relationalen Datenbanksystemen erreicht werden.

Demgegenüber stehen aber die sehr viel flexibleren Möglichkeiten der Beschreibung von Metadaten. Damit hat RDF das Potential, vor allem in der verteilten Umgebungen des WWW, zu einem akzeptierten Standard für Metadaten zu werden.

3.2 Anwendungsbereiche und weitere Standards

3.2.1 Kategorisierung, Katalogisierung und Wissensrepräsentation

Nach der Vorstellung von RDF als grundlegenden XML-basierten Standard zur Beschreibung von Metadaten, soll nun für ausgewählte Bereiche[14] die Notwendigkeit für Metadaten und die Auswirkungen der Verwendung von Metadaten dargestellt werden. Je Bereich werden relevante RDF- bzw. XML-Vokabulare in Grundzügen vorgestellt.

Ein wichtiger Anwendungsbereich für Metadaten besteht in der Katalogisierung und inhaltlichen Beschreibung von Ressourcen. Neben einzelnen Ressourcen können auch Beziehungen zwischen Ressourcen und Datensammlungen als Ganzes beschrieben werden. Das Bereitstellen solcher Metadaten vereinfachen die Navigation durch solche Ressourcen. Die Suchmöglichkeiten lassen sich wesentlich verbessern, da detailliertere Informationen mit bekannter Semantik über die Ressourcen vorliegen und damit spezifische Suchanfragen möglich sind.

Im Bereich der Katalogisierung gibt es viel Metadaten-Initiativen, deren Wurzeln oft im Bibliotheksbereich liegen. Ein grundlegender Standard, der auch die Basis für einige andere Vokabulare bildet, ist das Dublin Core (DC) Metadata Element Set der Dublin Core Metadata Initiative (DCMI).[15] An der DCMI sind unter anderem viele Nationalbibliotheken beteiligt. DC entstand 1995 aus der Diskussion heraus, daß ein einheitlicher Satz von Elementen zur Kategorisierung und Auffindung von Web-Ressourcen sehr nützlich zur Bearbeitung von Such- und Retrieval-Aufgaben ist.

Ziel beim Entwurf waren Einfachheit, Nutzbarkeit über Fachgrenzen hinweg, internationaler Konsens, Erweiterbarkeit und die Anwendbarkeit im Web. Die Anwendbarkeit im WWW wird durch Einbindung des DC-Schema über das Namensraumkonzept in RDF-Vokabularen realisiert.

In der Spezifikation von DC werden 15 Kernelemente durch jeweils 10 Attribute definiert. Mit den Elementen können Aussagen über Inhalt, urheberrechtliche Angaben und weiteres gemacht werden. In Beispiel 3-3 wird eine Ressource durch eine RDF-Aussage beschrieben. Die Elemente des DC werden über den Namensraumpräfix `dc` eingebunden (Zeile 2). Mit den DC-Elementen `dc:title` wird der Titel (Zeile 4), mit `dc:description` eine Kurzbeschreibung des Inhaltes (Zeile 5), mit `dc:date` das Datum der Veröffentlichung (Zeile 6) und mit `dc:publisher` der Herausgber (Zeile 7) benannt.

Der DC-Standard wird in vielen Projekten aufgegriffen und als Grundlage für weitere Vokabulare verwendet.

Ein Beispiel aus dem Bibliotheksbereich ist die Digital Library Metadata Initiative (DLMI).[16] Ziel von DLMI ist es, ein gemeinsames Datenmodell für die Beschreibung und Verwaltung unterschiedlicher Online-Ressourcen zur Verfügung zu stellen. Damit soll eine standardisierte Basis für Publikations- und Content Management-Systeme in wissenschaftlichen Einrichtungen geschaffen werden. Das Datenmodell (DLMeta) ist konform zu DC und wird durch eine XML-DTD spezifiziert.

Ein zweites Beispiel für die Verwendung der DC-Elemente als Grundlage für eine eigenes Vokabular

---

[14]In Anlehnung der in W3C /RDF Model/ genannten Bereiche.
[15]Vgl. DCMI /DC/ und Holzinger /Interoperabilität/
[16]Vgl. DLMI /DLmeta/

```
1    <rdf:RDF xmlns:rdf="http://www.w3.org/1999/02/22-rdf-syntax-ns#"
2            xmlns:dc="http://purl.org/dc/elements/1.1/">
3      <rdf:Description about="http://purl.org/DC/documents/notes-cox-816.htm">
4        <dc:title>Recording qualified Dublin Core metadata in HTML</dc:title>
5        <dc:description> We describe a notation for recording ... </dc:description>
6        <dc:date>1999-08-18</dc:date>
7        <dc:publisher>Dublin Core Metadata Initiative</dc:publisher>
8      </rdf:Description>
9    </rdf:RDF>
```

Bsp. 3-3: Nutzung von DC-Elementen in RDF

ist im Open Directory Project (ODP) zu finden.[17] ODP ist ein von Netscape betriebener Katalog von Web-Sites. Die eigentliche Katalogisierung erfolgt dabei durch unzählige freiwillige Helfer, die Metainformationen zu Web-Sites pflegen. Die Daten des ODP sind frei, der Öffentlichkeit zugänglich und werden von vielen anderen Katalogen und Suchmaschinen genutzt. Zum Austausch der Daten kommt RDF, unter Nutzung von DC-Elementen und spezifischer Erweiterungen, zum Einsatz.

Im Bereich der Wissensrepräsentation existiert der Standard ISO/IEC 13250:2000 Topic Maps[18]. Als eine Metaebene ermöglichen Topic Maps die standardisierte Beschreibung und den Austausch von Informationen über Inhalt und Struktur zugrundeliegender Informationsressourcen.

Mit Topics Maps können unstrukturierte Informationen strukturiert oder mit bereits strukturierten Informationen verknüpft werden. Ebenso können durch die Beschreibung von Inhalten Navigationswerkzeuge wie Indices, Kreuzreferenzen oder Glossare erstellt werden. Durch Beschreibung von Gültigkeitsbereichen und Beziehungen zwischen Informationsressourcen werden weitere Grundlagen für Navigation und Retrieval geschaffen.

Nach der Spezifikation von XML Topic Maps (XTM) 1.0 [19] können Topic Maps auch in XML notiert werden. Die Grundelemente der XTM-Syntax sind Topic, Name, Occurrence und Association. Die Menge dieser Element bildet die Topic Map.

Ein Topic ist ein Stellvertreter für ein Subjekt aus der realen Welt. Ein Subjekt kann dabei alles Denkbare sein. Topics besitzen einen Geltungsbereich (Scope) und folgenden Charakteristiken: Mit Occurrence wird ausgedrückt an welchen anderen Stellen das Topic vorkommt. Durch eine Association wird die Beziehung zwischen zwei oder mehr Topics ausgedrückt. Dabei wird für jedes Topic die Rolle innerhalb der Association beschrieben.

In Beispiel 3-4 sind die Elemente `topic` und `association` dargestellt. In Zeile 1 beginnt die Beschreibung eines Topic, das stellvertretend für das Schauspiel "Hamlet" stehen soll. Das Topic ist Instanz eines Schauspiels (Zeile 2) und bekommt einen Namen zugeordnet (Zeile 3). Anschließend wird das Vorkommen dieses Topic beschrieben (Zeile 4 - 7). Es wird ausgesagt, daß das Topic `hamlet` hier im Textformat

---

[17]Vgl. Netscape /ODP/
[18]ISO/IEC /Topic Maps/
[19]TopicMaps.Org /XTM/

```
1    <topic id="hamlet">
2      <instanceOf><topicRef xlink:href="#play"/></instanceOf>
3      <baseName><baseNameString>Hamlet, Prince of Denmark</baseNameString></baseName>
4      <occurrence>
5        <instanceOf><topicRef xlink:href="#plain-text-format"/></instanceOf>
6        <resourceRef xlink:href="ftp://www.gutenberg.org/pub/etext97/1ws2610.txt"/>
7      </occurrence>
8    </topic>
9    <association>
10     <instanceOf><topicRef xlink:href="#written-by"/></instanceOf>
11     <member>
12       <roleSpec><topicRef xlink:href="#author"/></roleSpec>
13       <topicRef xlink:href="#shakespeare"/>
14     </member>
15     <member>
16       <roleSpec><topicRef xlink:href="#work"/></roleSpec>
17       <topicRef xlink:href="#hamlet"/>
18     </member>
19   </association>
```

Bsp. 3-4: Fragmente einer XML Topic Map

(Zeile 5) an einer bestimmten Stelle (Zeile 6) vorkommt.

Mit association wird eine Beziehung zwischen zwei Topics hergestellt. Die Beziehung ist in diesem Fall vom Typ "written-by" (Zeile 10) und besitzt zwei member-Elemente. So wird in Zeile 11 - 14 ausgedrückt, daß das Topic shakespeare (Zeile 13) die Rolle author (Zeile 12) und das Topic hamlet (Zeile 17) die Rolle work (Zeile 16) in dieser Beziehung spielt.

3.2.2 Inhaltsbewertung

In diesem Kapitel soll für den Anwendungsbereich der Inhaltsbewertung (Content Rating) ein Standard vorgestellt werden. Wegen seiner hohen Verbreitung bei der Bewertung von Web-Sites soll die Platform for Internet Content Selection (PICS)[20] des W3C dargestellt werden.[21] Die aktuelle Version PICS 1.1 ist nicht XML basiert, soll aber in Version 2.0 als RDF-Vokabular formuliert werden.[22]

Mit PICS können Web-Ressourcen bewertet, diese Bewertungen ausgetauscht und damit Systeme zur Filterung unerwünschter Inhalte im WWW realisiert werden.

---

[20]Vgl. W3C /PICS/
[21]Die Ausführungen des Abschnittes sind an CACM /PICS/ angelehnt.
[22]Vgl. W3C /PICS in RDF/

PICS wurde als offene Plattform mit drei grundlegenden Prinzipien entworfen. Es soll einfach zu nutzen sein und Bewertungen müssen sowohl selbst als auch von Dritten vorgenommen werden können. Bei der Bewertung soll zudem Kontext, Empfänger und beaufsichtigende Instanz angemessen berücksichtigt werden können.

Eine Bewertung wird in PICS durch Vergabe eines Inhaltskennzeichners (Content Label) an eine Web-Ressourcen vorgenommen. In einem Label werden verschiedene Dimensionen (Attribute) durch je eine Ausprägung (Attributwert) beschrieben. So kann etwa für die Dimension Mindestalter eine Ausprägung von 18 angegeben werden. Die Dimensionen werden in einem Vokabular beschrieben, daß nicht durch PICS festgelegt ist. Vokabulare werden unter anderem von Firmen oder Organisation im Rahmen des Betriebs eines Rating Service definiert.

Labels können entweder selbst durch den Ersteller von Inhalten (self-labeling) oder durch Dritte (third-party labeling) zur Verfügung gestellt werden. Es ist auch möglich, Inhalte durch mehrere Labels unterschiedlicher Vokabulare auszuzeichnen.

Die Grundkonzepte von PICS und RDF weisen deutliche Ähnlichkeiten auf, da RDF, ausgehend von PICS, als allgemeinere Möglichkeit zur Beschreibung von Metadaten entwickelt worden ist.

In Beispiel 3-5 ist ein einfaches Rating System mit einer Dimension (Rating Zeile 1 - 3) und drei möglichen Ausprägungen (Zeile 4 - 14) in RDF-Syntax notiert.

```
1    <Property ID="s" s:label="Rating">
2      <s:range rdf:resource="#RatingValues"/>
3    </Property>
4    <Bag ID="RatingValues">
5      <li>
6        <p:Encoding rdf:value="0" s:label="Safe for Kids"/>
7        <p:Description>Pages which are safe for unsupervised kids.</p:Description></li>
8      <li>
9        <p:Encoding rdf:value="1" s:label="Parental Guidance"/>
10       <p:Description>Pages which are suitable for supervised kids.</p:Description></li>
11     <li>
12       <p:Encoding rdf:value="2" s:label="Adults only"/>
13       <p:Description>Pages which are not suitable for kids.</p:Description></li>
14   </Bag>
```

Bsp. 3-5: Einfaches PICS Rating System in RDF notiert

In den Spezifikation zu PICS wird eine Syntax zur Beschreibung des Vokabulars und der Label, sowie Möglichkeiten zur Übermittlung und Abfrage von Labeln festgelegt. Über die technischen Standards hinaus werden keine Festlegungen hinsichtlich Vokabular, Software die PICS implementiert oder des Betriebs eines Rating Service getroffen.

PICS bietet als Vorteile einen offenen Standard mit einem maschinenverständlichen Format der über das technisch Notwendige hinaus keine weiteren Vorgaben macht. Dem Nutzer bleibt es selbst überlassen, welche Software (Web-Browser, Filtersoftware wie z.B. CyberPatrol, Surfwatch, u.a.) er einsetzt, welchen Rating Service mit welchem Vokabular er wählt und welchen Satz an Ausprägungen der Dimensionen er bevorzugt. Damit ist PICS eine gute Möglichkeit sich freiwillig vor spezifisch unerwünschten Inhalten aus dem WWW zu schützen. Voraussetzung ist dabei natürlich immer das Vorhandensein entsprechender Labels.

Es bleibt abzuwarten ob und wann PICS durch ein RDF-Vokabular ersetzt wird, da PICS bereits etabliert und von einer Reihe von Anwendungen unterstützt wird.

3.2.3 Content Syndication

In diesem Kapitel sollen XML-basierte Standards im Bereich Content Syndication vorgestellt werden.[23] Unter Content Syndication wird der Handel mit Web-Inhalten im Internet oder allgemein der Handel mit Inhalten (Content) bezeichnet.[24]

Bei der Vermittlung von Inhalten geht es um Aggregation, Aufbereitung, Verwaltung und anschließende Verteilung von Content. Um diesen Prozeß möglichst weitgehend automatisieren zu können, müssen entsprechende Metadaten vorliegen. Wichtige Daten sind z.B. Formate, Urheberrechte, Zielgruppe oder Thema des Inhaltes. Content Syndication wird vor allem von Informationsanbietern, wie Nachrichtenagenturen, Verlagen oder Web-Sites betrieben.

Mit NewsML 1.0[25] ist vom International Press Telecommunications Council (IPTC) ein XML-basiertes Format zum automatischen Austausch, der Übertragung und Archivierung von Nachrichtenmeldungen spezifiziert. Das IPTC ist ein unabhängiger internationaler Verband von führenden Verlegern und Nachrichtenagenturen.

NewsML ist medienneutral und macht keine Layoutvorgaben. Die einzelnen primären und sekundären Nachrichtenteil (Text, Bild, Video, Audio) können in beliebigen Formaten kodiert werden. Ein Nachrichtenteil kann in unterschiedlichen Formaten für verschiedene Präsentationskanäle vorhanden sein. Ebenso können Nachrichten durch thematische Bezüge verbunden werden. Weitere Metadaten, wie Thema der Nachricht, Medientyp oder Genre, werden mit dem IPTC Subject Reference System beschrieben. Eine zentrale Funktion von NewsML besteht in der Revisionskontrolle um eine automatischen Aktualisierung von veralteten Nachrichtenteilen zu ermöglicht.

Zur Beschreibung der Textteile einer Nachricht kann das News Industry Text Format (NITF) 3.0[26] des IPTC eingesetzt werden. Der Standard ist in Nachrichtenagenturen verbreitet und wird z.B. auch von der Deutschen Presseagentur genutzt.

Mit NITF können Metadaten zu Struktur (Layout) und Inhalt von Textinformationen, wie etwas Zeitungsartikeln, beschrieben werden. Metadaten umfassen unter anderem Informationen zum Copyright, Inhalt, behandelte Themen, Organisationen oder Ereignisse. Weiter können Informationen zum Zeitpunkt

---

[23]Vgl. zu diesem Kapitel Dreyer /Content Syndication/
[24]Nach Baumann /Content Syndication/
[25]Vgl. IPTC /NewsML/
[26]Vgl. IPTC /NITF/

der Erstellung, Veröffentlichung, Überarbeitung, Ort der Erstellung und der Publikation beschrieben werden.

Mit Publishing Requirements for Industry Standard Metadata (PRISM) 1.0 [27] ist im Jahr 2001 ein Rahmenwerk zur Beschreibung von Metadaten in der Verlagsbranche spezifiziert worden. Als standardisiertes Metadatenvokabular soll PRISM den herstellerunabhängigen Austausch von Content im Online- und Print-Bereich ermöglichen. Dazu spezifizert PRISM ein Rahmenwerk für Austausch und Speicherung von Inhalt und Metadaten, eine Menge von Elementen zur Inhaltsbeschreibung und mögliche Werte für diese Elemente.

PRISM ist XML-basiert und notiert die Metadaten in einer RDF-kompatiblen Syntax. Außerdem bedient sich PRISM als Framework weiterer Vokabulare und Standards wie DC, NewsML, NITF oder dem Information and Content Exchange (ICE) [28] Protokoll zum Aufbau einer Infrastruktur zum Austausch von Content.

Im Anwendungsbereich Content Syndication befinden sich weitere XML-basierte Standards in Entwicklung. Dies sind z.b. RDF Site Summary (RSS) [29] um kurze Newstick-Meldungen von Web-Sites zur Verfügung zu stellen oder XMLNews-Meta [30].

Um Content Syndication im Web zu betreiben, werden zur Zeit die entsprechenden Infrastrukturen und Werkzeuge entwickelt. Es bleibt abzuwarten, welche Sprachen sich letztlich in diesem Anwendungsbereich durchsetzen werden.

3.2.4 Intellectual Property Rights Management

Auch zum Management von geistigen Eigentumsrechte (Intellectual Property Rights) an materiellen und insbesondere immateriellen Gütern werden Metadaten benötigt. In diesem Kapitel sollen zwei XML-basierte Ansätze vorgestellt werden, die der ISO/IEC MPEG Working Group im Rahmen des MPEG-21 Multimedia Framwork als Vorschläge zum Digital Rights Management (DRM) vorliegen.

Mit der eXtensible rights Markup Language (XrML) können Rechte an digitalen Ressourcen (Inhalte, Services, Software) beschrieben, Nutzer identifiziert und deren spezifische Rechte sowie Nutzungsbedingungen festgelegt werden.[31] Zur Nutzung von XrML ist eine Lizenz der Firma Contentguard notwendig. XrML wird z.B. von Microsoft in seiner DRM-Umgebung eingesetzt.

Das wichtigste Element im Kernkonzept von XrML ist die Lizenz (License). Sie ist Container für Erlaubnisse (grants). Eine Erlaubnis legt fest, welche Nutzer (principal) bestimmte Rechte (rights) auf Ressourcen (resource) unter bestimmten Bedingungen (condition) anwenden darf.

Der zweite Vorschlag zur Beschreibung von Metadaten für DRM ist die Open Digital Rights Language (ODRL) 1.0 der ODRL Initiative.[32] Das offene Rahmenwerk von ODRL ist im Gegensatz zu XrML ohne

---

[27]Vgl. PRISM Working Group /PRISM/
[28]Vgl. ICE Network /ICE/
[29]Vgl. RSS-DEV /RSS/
[30]Vgl. XMLNews.org /XMLNews-Meta/
[31]Vgl. zu diesem Abschnitt ContentGuard /XrML/
[32]Vgl. zu diesem Abschnitt IPR /ODRL/

Lizenzgebühren nutzbar.

Die Grundstruktur von ODRL besteht aus drei Kern-Elemente. Unter einem Asset wird jeder identifizierbare physische oder digitale Content verstanden. Rechte (rights) sind Erlaubnisse, die durch Beschränkungen (constraints), Anforderungen (requirements) oder Bedingungen (conditions) limitiert werden können. Die Erlaubnis benennt Aktivitäten, die ausgeführt werden dürfen. Das dritte Kern-Element sind die beteiligten (Vertrags-)Parteien (parties).

Mit diesen Elementen können nun von einem Rechteinhaber Angebote (offers) zur Gewährung von spezifischen Rechte an bestimmten Assets formuliert werden. Akzeptiert ein Nutzer das Angebot, ergibt sich eine Vereinbarung (agreement), die einem Vertrag entspricht.

```
1   <o-ex:rights xmlns:o-ex="http://odrl.net/1.0/ODRL-EX"
2                 xmlns:o-dd="http://odrl.net/1.0/ODRL-DD"
3                 ...>
4     <o-ex:agreement>
5       <o-ex:asset> <o-ex:context>
6         <o-dd:uid o-dd:idscheme="DOI">10.9999999/voucher/383838383</o-dd:uid>
7         <o-dd:name> The Voucher for XML: The Movie </o-dd:name>
8       </o-ex:context>
9     </o-ex:asset>
10      <o-ex:party> <o-ex:context>
11        <o-dd:uid o-dd:idscheme="X500">c=US;o=Example;cn=J J Jones</o-dd:uid>
12      </o-ex:context>
13    </o-ex:party>
14      <o-ex:permission>
15        <o-dd:give>
16          <o-ex:constraint>
17            <o-dd:datetime> <o-dd:end> 2001-12-31 </o-dd:end> </o-dd:datetime>
18          </o-ex:constraint>
19        </o-dd:give>
20      </o-ex:permission>
21    </o-ex:agreement>
22  </o-ex:rights>
```

Bsp. 3-6: Eine Vereinbarung in ODRL

Im Beispiel 3-6 wird eine in ODRL-Syntax beschriebene Vereinbarung dargestellt. Einem Nutzer (`party` Zeile 10 - 13) wird die Erlaubnis (`permission` Zeile 14- 20) zum freien Bezug (`give` Zeile 15 - 19) eines Assets bis zu einem bestimmten Datum (`constraint` Zeile 16 - 18) angeboten. Die Erlaubnis bezieht sich hier auf das Recht an einem Film (`asset` Zeile 5 - 9).

Sowohl mit XrML als auch mit ODRL ist es möglich, Rechte sehr feingranular und auf allen Ebenen des Lebenszyklus einer Ressource zu vergeben. Werden entsprechende Maßnahmen zur Implementierung solcher Sprachen in Software getroffen, so können geistige Eigentumsrechte an digitalen Gütern spezifisch vergeben und auch durchgesetzt werden. Damit wird eine wichtige Grundlage zum Handel mit digitalen Gütern gelegt.

3.2.5 Privacy Management

Um Anforderungen an die Vertraulichkeit und den Umgang mit persönlichen Daten im WWW auszudrücken (Privacy Preferences) bzw. solche Zusicherung (Privacy Policies) zu geben, werden Metadaten verwendet. Die Platform for Privacy Preferences 1.0 (P3P 1.0) Spezifikation liegt dem W3C als Arbeitsvorschlag vor.[33] Ziel von P3P ist es, Privacy Preferences und Policies maschinenlesbar auszudrücken und damit automatisiert abgleichen zu können. So kann ein User-Agent (z.B. Web-Browser) Entscheidungen treffen, welche Daten entsprechend den Nutzervorgaben übermittelt werden dürfen. Die Privacy Policy des Anbieters kann dem Nutzer auch aufbereitet zur Information präsentiert werden.

Vorteil eines solchen Systems ist, daß der Nutzer weitgehend die Kontrolle über seine persönlichen Daten behält, ohne sich auf jeder Web-Site explizit über die Privacy Policy informieren zu müssen. Problematisch ist allerdings, daß der Betreiber einer Web-Site nicht zwingend nach der zugesicherten Privacy Policy handeln muß. Solche Zusicherungen müssen durch weitere Maßnahmen im organisatorische Umfeld vertrauenswürdig gemacht werden.

In der Spezifikation von P3P werden Syntax, Semantik und Möglichkeiten der Zuordnung von Privacy Policies zu Web-Sites definiert. Weiterhin werden grundlegende Datensätze, Datenstrukturen sowie Möglichkeiten zur Definition von eigenen Daten-Schemata beschrieben.

Policies werden durch eine XML-Syntax ausgedrückt. Eine Notation in RDF ist geplant. In einer Policy werden allgemeine Versicherungen (assertions) und spezifische Versicherungen (statements) gegeben. Allgemeine Versicherungen sind für die komplette Policy gültig. Hier wird beispielsweise angegeben, wer rechtlich für die Web-Site verantwortlich ist (`Entity`-Element), welche Art von Zugriff auf gespeicherte Informationen möglich ist (`Access`-Element) oder Vorschläge wie Streitigkeiten gelöst werden können (`Dispute`-Element).

In Statements wird der Umgang mit bestimmten einzelnen Daten beschrieben. In einem Statement wird beschrieben, zu welchem Zweck die Daten erhoben werden (`Purpose`-Element), wer Empfänger der gesammelten Daten ist (`Recipient`-Element), für welchen Zeitraum die Daten gespeichert werden (`Retention`-Element) und auf welche Daten es Anwendung findet.

---

[33]Vgl. zu diesem Kapitel W3C /P3P/

```
1   <POLICY name="forBrowsers" discuri="http://www.example.com/PrivacyPolicy.html">
2     <ENTITY>
3       <DATA-GROUP>
4         <DATA ref="#business.name">CatalogExample</DATA>
5         <DATA ref="#business.contact-info.postal.street">4000 Lincoln Ave.</DATA>
6       </DATA-GROUP>
7     </ENTITY>
8     <ACCESS><nonident/></ACCESS>
9     <STATEMENT>
10      <PURPOSE><admin/><develop/></PURPOSE>
11      <RECIPIENT><ours/></RECIPIENT>
12      <RETENTION><stated-purpose/></RETENTION>
13      <DATA-GROUP>
14        <DATA ref="#dynamic.clickstream"/>
15        <DATA ref="#dynamic.http"/>
16      </DATA-GROUP>
17    </STATEMENT>
18  </POLICY>
```

Bsp. 3-7: Fragment einer P3P-Policy

In Beispiel 3-7 sind Teile einer P3P-Policy zu sehen. Im ENTITY-Element (Zeile 2 - 7) wird die rechtliche Kontaktperson und der Aussteller der Policy durch einen Datensatz beschrieben. Durch das ACCESS-Element (Zeile 8) wird ausgesagt, daß keine identifizierenden Daten von der Web-Site gesammelt werden. In den Zeilen 9 bis 17 werden durch ein Statement weitere Zusicherungen für die in Zeile 14 und 15 angegebenen Daten getroffen. Diese Daten werden zu Administrations- und Entwicklungszwecken erhoben (PURPOSE in Zeile 10) und nur vom Betreiber der Web-Site (RECIPIENT Zeile 11) verarbeitet. Nachdem sie ihren Zweck erfüllt haben, werden die Daten sofort gelöscht (RETENTION Zeile 12). In der Textfassung der Policy (Verweis durch discuri-Attribut Zeile 1) wäre dann unter anderem der Zeitpunkt der Löschung genauer zu definieren.

3.2.6 Weitere Anwendungsbereiche

Abschließend sollen in diesem Kapitel noch weitere XML-basierte Sprachen für verschiedenen Anwendungsbereiche kurz erwähnt werden.

Dem W3C liegt mit Document Content Description (DCD)[34] for XML ein RDF-Vokabular als Vorschlag zur Beschreibung von Beschränkungen in Struktur und Inhalt von Dokumenten vor. Beschränkungen (constraints) können für Elementtypen, Attribute, den Inhalt von Elementen und Attributwerte in Form von RDF-Statements ausgedrückt werden.

---

[34] W3C /DCD/

Mit seinen Möglichkeiten ist DCD als Ersatz für DTDs konzipiert gewesen. Allerdings wurde DCD nicht bis zum Standard weiterentwickelt. Mit dem anerkannten W3C-Standard XML Schema[35] können die gleichen Beschränkungen in XML-Syntax entsprechende formuliert werden.

Mit Composite Capability/Preference Profiles (CC/PP)[36] wird an einem Standard zur Beschreibung von Möglichkeiten von Endgeräten und Nutzerpräferenzen gearbeitet. Da immer mehr unterschiedliche Geräte miteinander vernetzt werden, müssen Inhalte an die spezifischen Möglichkeiten des Gerätes und Präferenzen des Nutzers angepaßt werden. Grafiken müssen z.b., je nach Möglichkeiten des Endgerätes, in verschiedenen Qualitäten bereitgestellt werden.

Als RDF-Vokabular bietet CC/PP die Möglichkeit, Geräte zu beschreiben und Nutzerpräferenzen festzulegen. In einem CC/PP-Profil werden eine Menge von Komponenten (z.b. Hardware-Plattform, Software-Plattform oder Applikation) durch entsprechende Attribute (z.b. Bildschirmauflösung, Software-Version) beschrieben.

Ein weiterer Anwendungsbereich für Metadaten ist der Austausch von Metadaten-Modellen. Der Object Management Group (OMG) liegt mit XML Metadata Interchange (XMI)[37] ein Vorschlag für eine entsprechende Anwendung vor. Mit XMI soll der Austausch von Metadaten zwischen Modellierungstools (z.b. für UML) und Metadaten Repositories in verteilten Umgebungen zur Software-Entwicklung ermöglicht werden. XMI nutzt XML zur Serialisierung und damit zum Austausch der z.b. in UML notierten Modelle.

Durch die Unterstützung namenhafter Hersteller und die starke Nutzung von UML bei der modernen Softwareentwicklung ist anzunehmen, daß XMI zukünftig eine wichtige Rolle beim Austausch von Metadaten-Modellen spielen wird.

Neben den oben genannten XML-Anwendungen existieren noch andere Metadaten-Initiativen, die Metamodelle und Schemata zur Beschreibung von Metadaten in bestimmten Anwendungsbereichen entwickeln. Viele dieser Initiativen ermöglichen die Beschreibung oder Nutzung ihrer Schemata in XML. Oft ist auch die Nutzung derartiger Vokabulare über das Namensraumkonzept von XML möglich.

Beispielsweise wird von einer MPEG-Arbeitsgruppe mit dem Multimedia Content Description Interface (MPEG-7)[38] an einem Metadaten-Standard gearbeitet, mit dem multimediale Inhalte beschrieben werden können.

Auch im Bildungsbereich gibt es spezielle Metadaten-Modell um Lerninhalte beschreiben zu können. Das Modell des IMS Global Learning Consortium[39] kann z.B. in XML oder RDF notiert werden.

---

[35]Vgl. W3C /XML Schema Structures/ und W3C /XML Schema Datatypes/
[36]W3C /CC/PP/
[37]OMG /XMI/
[38]Vgl. Holzinger /Interoperabilität/
[39]Vgl. IMS /Learning/

4 Zusammenfassung

Die Zielsetzung dieser Arbeit bestand in der Darstellung von XML-basierten Standards für Metadaten. Die Standards sollten in ihrem Grundkonzept vorgestellt werden und auf ihre Bedeutung in ausgewählten Anwendungsbereichen eingegangen werden. Dabei ergaben sich vor allem Schwierigkeiten bei der Abgrenzung von Daten und Metadaten und demzufolge der Auswahl entsprechender Standards und Anwendungsbereiche.

Es exisitert keine strikte Abgrenzung von Daten und Metadaten. Da Metadaten selbst auch wieder Daten sind, kann die Abgrenzung nur im Kontext des jeweiligen Anwendungsbereiches erfolgen. Damit ergibt sich aber für die Auswahl der Anwendungsbereiche und die Entscheidung, ob hier Metadaten zum Einsatz kommen, ebenfalls eine Abgrenzungsproblematik. Es wurden daher XML-basierte Standards gewählt, die im WWW genutzt werden können und Ressourcen jeglicher Art genauer beschreiben. Diese Standards beschreiben nach dem Verständnis der jeweiligen Anwendungsbereichen Metadaten.

Zur Zeit besitzt das Thema Metadaten in vielen Anwendungsbereichen eine hohe Aktualität. Aus diesem Grund wurden von verschiedensten Gruppierungen die unterschiedlichsten Standards und Rahmenwerke entwickelt oder bekannte Metadaten-Konzept in einer XML-Syntax notiert. Es ergeben sich daher viele Abhängigkeiten und Überschneidungen. Es bleibt abzuwarten, welche Standards sich für welche Anwendungsbereiche durchsetzen werden.

Als generelles Rahmenwerk wird RDF, als Standard des W3C, eine grundlegende Rolle spielen. Auf RDF basieren zur Zeit schon eine Reihe von Anwendungen, da mit RDF für beliebige Anwendungsbereiche Metadaten-Schemata maschinenverständlich definiert und Metadaten in einer XML-Syntax notiert werden können. Es ist zu Erwarten, daß sich RDF als einheitliche Grundlage zur Beschreibung von Metadaten in XML weiter durchsetzen wird. Dies bietet den Vorteil, sowohl Metadaten als auch zugehörige Schemata für beliebige Anwendungsbereiche mit den gleichen Werkzeugen zu verarbeiten.

Viele Anwendungsbereiche sind auf Metadaten angewiesen und nutzen diese auch entsprechend intensiv. In Bereichen wie Content Syndication im WWW oder Intellectual Property Rights Management im WWW fanden in der jüngsten Zeit verstärkt Bemühungen zur Entwicklung XML-basierter Standards statt. Hier stellt sich die Frage, welche Vorschläge sich durchsetzen und als Standard verabschiedet werden.

Ein weiterer wichtiger Aspekt im Zusammenhang mit der Nutzung von Metadaten ist zum einen die Frage der Generierung und Bereitstellung und zum anderen die Verarbeitung von Metadaten in entsprechenden Anwendungen. In spezifischen Anwendungsbereichen sind Metadaten in der Regel vorhanden und können entsprechend genutzt werden. Das vom W3C angestrebte Semantic Web dagegen wird erst langsam wachsen. Noch fehlen hier allgemein akzeptierte Werkzeuge um neue oder bestehende Ressourcen mit Metadaten möglichst einfach und automatisiert zu beschreiben.

5 Literaturverzeichnis

Literatur

[Barners-Lee /Semantic Web/]   Tim Berners-Lee, James Hendler, Ora Lassila: The Semantic Web. In: Scientific American. `http://www.scientificamerican.com/2001/0501issue/0501berners-lee.html`, Abruf am 2001-11-23.

[Baumann /Content Syndication/]   Sabine Baumann: Begriffsdefinitionen im Content Management. In: Contentmanager.de Nr. 7, 2001. `http://www.contentmanager.de/magazin/artikel.php?ShowID=59`, Abruf am 2001-11-23.

[Böhme /RDF/]   Rainer Böhme: Resource Description Framework. `http://dbs.uni-leipzig.de/de/seminararbeiten/semSS99/arbeit5/Rdf.html`, Abruf am 2001-11-23.

[CACM /PICS/]   Paul Resnick, James Miller: PICS: Internet Access Controls Without Censorship. In: Communications of the ACM. vol. 39(10), 1996, S. 87 - 93

[ContentGuard /XrML/]   ContentGuard Holdings, Inc (Hrsg.): eXtensible rights Markup Language (XrML) 2.0 Specification. 20 November 2001. `http://www.xrml.org/index.asp`, Abruf am 2001-11-30.

[DCMI /DC/]   DCMI (Hrsg.): Dublin Core Metadata Element Set, Version 1.1: Reference Description. DCMI Recommendation 1999-07-02. `http://dublincore.org/documents/1999/07/02/dces/`, Abruf am 2001-11-23.

[DLMI /DLmeta/]   Digital Library Metadata Initiative: DLmeta Initiative. `http://www.dlmeta.de/`, Abruf am 2001-11-23.

[Dreyer /Content Syndication/]   Roland Dreyer: Content Syndication wird zum Megatrend im Internet. `http://www.contentmanagement.de/CMM/XML/CSO/cs0.html`, Abruf am 2001-12-04.

[Goldfarb, Prescod /XML-Handbuch/]   Charles F. Goldfarb, Paul Prescod: Das XML-Handbuch - Anwendungen, Produkte, Technologien. 2. Auflage, o.O. 2000

[Holzinger /Interoperabilität/]   Andreas Holzinger: Interoperabilität und Metadaten. Workshop am 2. Business Meeting "Forum Neue Medien". Wien, 7.6.2001. `http://serverprojekt.fh-joanneum.at/sp/thema/meta/metadaten.pdf`, Abruf am 2011-11-23.

[ICE Network /ICE/]	ICE Network (Hrsg.): Information & Content Exchange Protocol Version 1.1. `http://www.icestandard.org/SPEC-ICE-20000701_Version_1_1.htm`, Abruf am 2001-11-23.
[IETF /URI/]	Internet Engineering Task Force (Hrsg.): Uniform Resource Identifiers (URI): Generic Syntax. RFC 2396. 1998. `http://www.ietf.org/rfc/rfc2396.txt`, Abruf am 2001-11-19.
[IMS /Learning/]	IMS Global Learning Consortium, Inc. (Hrsg.): IMS Learning Resource Meta-data Specification. Version 1.2.2. `http://www.imsglobal.org/metadata/index.html`, Abruf am 2001-12-09.
[IPR /ODRL/]	IPR Systems Pty Ltd (Hrsg.): Open Digital Rights Language (ODRL) Version: 1.0. 2001-11-21. `http://www.odrl.net/1.0/ODRL-10-HTML/index.html`, Abruf am 2001-11-23.
[IPTC /NewsML/]	IPTC: NewsML (TM) Specification & Documents. `http://www.iptc.org/site/NewsML/NewsMLSpec.htm`, Abruf am 2001-11-23.
[IPTC /NITF/]	IPTC: News Industry Text Format. `http://www.nitf.org/site/documentation.html`, Abruf am 2001-11-23.
[ISO/IEC /Topic Maps/]	ISO/IEC (Hrsg.): Topic Maps: Information Technology – Document Description and Markup Languages. ISO/IEC 13250:2000. o.O. 1999
[Lassila /RDF Metadata/]	Ora Lassila: Introduction to RDF Metadata. `http://www.w3.org/TR/NOTE-rdf-simple-intro-971113.html`, Abruf am 2001-11-19.
[Netscape /ODP/]	Netscape (Hrsg.): Open Directory Project. `http://dmoz.org/about.html`, Abruf am 2001-11-23.
[North, Hermans /XML/]	Simon North, Paul Hermans: XML in 21 Tagen. München 2000
[OMG /XMI/]	OMG (Hrsg.): OMG XML Metadata Interchange (XMI) Specification. Version 1.1, November 2000. `http://www.omg.org/cgi-bin/doc?formal/00-11-02.pdf`, Abruf am 2001-11-23.
[PRISM Working Group /PRISM/]	PRISM working group (Hrsg.): PRISM: Publishing Requirements for Industry Standard Metadata Version 1.0 April 9, 2001. `http://www.prismstandard.org/techdev/prismspec1.asp`, Abruf am 2001-11-23.
[RSS-DEV /RSS/]	RSS-DEV Working Group: RDF Site Summary (RSS) 1.0. `http://purl.org/rss/1.0/spec`, Abruf am 2001-11-23.

[Tolksdorf /XML-Standards/] Robert Tolksdorf: XML und darauf basierende Standards: Die neue Auszeichnungssprache des Web. In: Informatik Spektrum 22(1999) S. 407 - 421

[TopicMaps.Org /XTM/] TopicMaps.Org (Hrsg.): XML Topic Maps (XTM) 1.0. http://www.topicmaps.org/xtm/1.0/xtm1-20010806.html, Abruf am 2001-11-23.

[W3C /CC/PP/] W3C (Hrsg.): Composite Capability/Preference Profiles (CC/PP): Structure and Vocabularies. W3C Working Draft 15 March 2001. http://www.w3.org/TR/2001/WD-CCPP-struct-vocab-20010315/, Abruf am 2001-11-23.

[W3C /DCD/] W3C (Hrsg.): Document Content Description for XML. Submission to the World Wide Web Consortium 31-July-1998. http://www.w3.org/TR/1998/NOTE-dcd-19980731, Abruf am 2001-11-23.

[W3C /Metadata/] W3C (Hrsg.): Metadata Activity Statement. http://www.w3.org/Metadata/Activity.html, Abruf am 2001-11-16.

[W3C /P3P/] W3C (Hrsg.): The Platform for Privacy Preferences 1.0 (P3P 1.0) Specification. W3C Working Draft 28 September 2001. http://www.w3.org/TR/2001/WD-P3P-20010928, Abruf am 2001-11-23.

[W3C /PICS/] W3C (Hrsg.): Platform for Internet Content Selection. Version 1.1. http://www.w3.org/PICS/#Specs, Abruf am 2001-11-23.

[W3C /PICS in RDF/] W3C (Hrsg.): PICS Rating Vocabularies in XML/RDF. W3C NOTE 27 March 2000. http://www.w3.org/TR/2000/NOTE-rdf-pics-20000327, Abruf am 2001-12-01.

[W3C /RDF Model/] W3C (Hrsg.): Resource Description Framework (RDF) Model and Syntax Specification. W3C Recommendation 22 February 1999. http://www.w3.org/TR/1999/REC-rdf-syntax-19990222, Abruf am 2001-11-21.

[W3C /RDF Schema/] W3C (Hrsg.): Resource Description Framework (RDF) Schema Specification 1.0. W3C Candidate Recommendation 27 March 2000. http://www.w3.org/TR/2000/CR-rdf-schema-20000327, Abruf am 2001-11-21.

[W3C /XML/] W3C (Hrsg.): Extensible Markup Language (XML) 1.0 (Second Edition). W3C Recommendation 6 October 2000. http://www.w3.org/TR/2000/REC-xml-20001006, Abruf am 2001-11-23.

[W3C /XML Schema Datatypes/]   W3C: XML Schema Part 2: Datatypes. W3C Recommendation 02 May 2001. `http://www.w3.org/TR/2001/REC-xmlschema-2-20010502/`, Abruf am 2001-11-23.

[W3C /XML Schema Structures/]   W3C (Hrsg.): XML Schema Part 1: Structures. W3C Recommendation 2 May 2001. `http://www.w3.org/TR/2001/REC-xmlschema-1-20010502/`, Abruf am 2001-11-23.

[XMLNews.org /XMLNews-Meta/]   XMLNews.org (Hrsg.): XMLNews-Meta (1999-04-05) Technical Specification. `http://www.xmlnews.org/docs/meta-spec.html`, Abruf am 2001-11-23.